이 책의 내용을 교과서에서도 찾아 보세요!

**국어 1-1**
9. 그림일기를 써요

**국어 1-2**
9. 겪은 일을 글로 써요

**국어 2-1**
6. 차례대로 말해요

**국어 2-2**
2. 인상 깊었던 일을 써요

**국어 3-1**
5. 중요한 내용을 적어요

**국어 3-2**
3. 자신의 경험을 글로 써요

나 혼자 해볼래

# 일기쓰기

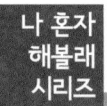

**나 혼자 해볼래 시리즈**

평소 생활과 학습을 부모님의 도움 없이 할 수 있도록 도와주는 학습 동화입니다.
어린이 스스로 목표를 세우고, 실천하고, 결과를 평가할 수 있어요.
어떤 일이든 "나 혼자 해 볼래!"라고 말하는 어린이가 될 수 있을 거예요.

# 나 혼자 해볼래 일기 쓰기

| | |
|---|---|
| 초판 발행 | 2015년 10월 15일 |
| 초판 6쇄 | 2020년 04월 15일 |
| 글쓴이 | 이현주 |
| 그린이 | 문수민 |
| 펴낸이 | 이진곤 |
| 펴낸곳 | 씨앤톡 |
| 임프린트 | 리틀씨앤톡 |
| 출판등록 | 제 313-2003-00192호(2003년 5월 22일) |
| 주소 | 경기도 파주시 문발로 405 |
| 전화 | 02-338-0092 |
| 팩스 | 02-338-0097 |
| 홈페이지 | www.seentalk.co.kr |
| E-mail | seentalk@naver.com |
| ISBN | 978-89-6098-198-0 73810 |
| | 978-89-6098-199-7 (세트) |

ⓒ 2013, 이현주, 문수민

- 저작권법에 의하여 한국 내에서 보호를 받는 저작물이므로 무단전재 및 복제를 금합니다.
- KC마크는 이 제품이 공통안전기준에 적합하였음을 의미합니다.

| 모델명 | 나 혼자 해볼래 일기 쓰기 | 제조년월 | 2020. 04. 15 | 제조자명 | 씨앤톡 | 제조국명 | 대한민국 |
|---|---|---|---|---|---|---|---|
| 주소 | 경기도 파주시 문발로 405 | 전화번호 | 02-338-0092 | 사용연령 | 7세 이상 | | |

리틀씨앤톡 은 씨앤톡 의 어린이 브랜드입니다.

이현주 글 | 문수민 그림

# 이 책의 활용 방법

1. 한 장에 한 가지씩 써 있는 '스스로 세우는 목표'를 읽어 보세요. 책과 같은 목표를 세우고, 읽어 보는 거예요.

2. 책 속에 나오는 주인공들의 이야기를 읽어보세요. 우리 친구들이 생각 하는 것, 고민하는 것과 비슷하죠?

3. 이야기 중간중간 알아두면 좋은 방법들이 나와요. 기억해 두고 싶은 내용에는 동그라미를 치면서 기억해 두세요.

4. 이야기를 재미있게 다 읽었나요? 이제 처음 세운 목표대로 혼자서 해보는 거예요. 알아두면 좋은 방법들을 다시 찾아 보거나 친구들의 일기를 읽어보면 도움이 되겠죠?

5 '스스로 평가'에서 질문대로 했다면 빈칸에 연필로 ✔표시 하세요.
✔표시가 많을수록 목표를 잘 수행했다는 뜻이에요.

6 다음 장에서도 같은 순서로 혼자서 해보는 거예요!

7 스스로 다른 목표를 세워서 나만의 이야기를 만들어도 좋아요! 내가 이야기 속 주인공이 되어서, 나만의 방법을 써 보는 거예요.

# 마음의 키가 쑥쑥 자라는 일기를 써보는 거야!

"일기는 왜 써야 해?"
"일기장에 뭘 써야 할지 모르겠어!"

텅 빈 일기장을 볼 때면 이걸 어떻게 채워야 하나 싶어 깊은 한숨과 함께 투덜거리는 친구들 많을 거예요. 그럴 땐 일기를 왜 써야 하는지 먼저 생각해보세요.

그래요. 하루를 되돌아보고 자신의 잘못을 반성하기 위해서죠. 그런데 잘못한 일이 없을 땐 어떻게 하냐고요? 그럼 잘했던 일을 떠올려 보세요. 선생님이나 부모님께 칭찬을 받았던 일이라던가 친구가 준비물을 가져오지 않아서 빌려주었던 일, 길을 가다 쓰레기를 주운 일 등 스스로 칭찬해주고 싶은 일이 있다면, 일기장에 써도 된답니다. 아주 작은 일이어도 괜찮아요.

또 어떤 게 있을까요? 일기를 쓰면서 하루를 정리해볼 수도 있고, 아무에게도 말하지 못했던 비밀이야기를 털어놓으며 마음을 토닥토닥 쓰다듬어줄 수도 있어요.

그리고 생각과 느낌을 적으며 글쓰기 실력이 쑥쑥 느는건 물론 글감을 찾으며 다양한 일에 호기심을 갖고 자세히 관찰하는 습관도 생길 거예요. 이 다음에 어른이 되었을 때, 지금의 일기를 보며 '아, 나에게 이런 일이 있었구나. 내가 이런 생각을 했었네.' 하고 추억을 되새겨볼 수도 있겠죠?

이렇게나 좋은 점이 많은데 일기 쓰기가 싫다고요? 그럼 이 책속 친구들의 이야기를 읽어보세요.

어떤 내용을 일기에 써야 할지 고민인 가온이, 글감은 잘 찾지만 생각과 느낌을 적는 게 힘든 태령이, 일기 쓰기가 세상에서 제일 싫은 개구쟁이 희준이!
이 친구들의 이야기를 따라가다 보면 분명 우리 친구들의 일기 쓰기가 즐거워질 거예요.

지은이 **이현주**

# 차례

**제 1장** 　9
## 거짓말로 쓴 일기
스스로 세우는 목표: 글감찾기

**제 2장** 　35
## 생각과 느낌이 있는 일기
스스로 세우는 목표: 일기 완성하기

**제 3장** 　61
## 엄마관찰일기
스스로 세우는 목표: 다양한 방법으로 일기쓰기

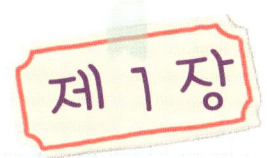

# 제 1 장

# 거짓말로 쓴 일기

**스스로 세우는 목표**
**글감 찾기**

"대체 멀 쓰냐구!!"

"우리 가온이 정말 착하구나. 너무 멋진 언니네. 엄마, 아빠가 든든하시겠어."

선생님은 환한 미소를 보이시며 내 머리를 쓰다듬어 주신다. 선생님의 부드러운 손길이 닿을 때마다 기분이 좋아져 내 입 꼬리는 자꾸자꾸 위로 올라간다.

짝꿍 희준이는 선생님께 칭찬받는 나를 한참이나 부러운 눈으로 바라보더니 나와 눈이 마주치자 얼른 고개를 휙 돌려 버린다. 희준이가 부러워하는 것이 느껴져 더 우쭐해졌다.

'아~ 선생님께 칭찬받는 건 이렇게 기분 좋은 일이었구나.'

생각하면 생각할수록 배시시 웃음이 새어 나왔다. 내가 선생님께 칭찬을 받은 건 다 일기장 덕분이다.

어젯밤에 일기를 쓰려고 책상 앞에 앉았는데 아무것도 생각이 나지 않아 애꿎은 손톱만 연신 물어뜯고 있었다.

나는 초조할 때, 혹은 무언가 심각하게 고민할 때 손톱을 물어뜯곤 한다. 엄마는 내 손톱을 보실 때마다 말씀하신다.

"손톱에 세균이 얼마나 많은 줄 알아! 손톱 물어뜯는 버릇 고쳐야지. 가온아."

하지만 일기를 쓰려고만 하면 머릿속이 온통 하얗게 변해 아무런 생각이 나지 않고 나도 모르게 손톱을 물어 뜯고 있다.

아침부터 저녁까지 있었던 일을 아무리 생각을 해봐도 특별한 일이 하나도 떠오르지가 않는다.

'사실 초등학교 2학년 어린이의 생활에서 특별한 일을 찾는 것 자체가 말이 안 되지! 학교 갔다가 학원에 갔다가 그리고 집에 와서 TV 조금 보고 저녁 먹고 끝! 일기를 쓸 내용이 뭐가 있겠어!'

생각이 나지 않자, 이번에는 머리카락을 마구 헤집어댔다. 작가들이 겪는 창작의 고통이 이런걸까?

그때였다. 무언가 내 머릿속을 번뜩! 스쳐 지나간 낱말, 창작. 긴 어둠 속에서 한줄기 빛을 찾은 느낌이었다.

'그래, 쓸 것도 없는데 그냥 지어내자.'

어떤 내용을 쓸까 고민하다가 침대 위에서 새근새근 콧소리를 내며 자고 있는 내 동생 가람이를 바라봤다.

'가람이가 감기로 아픈데 내가 간호해줬다고 쓰는 거야.'

그런데 선생님께서 내 일기를 보시고 엄마, 아빠는 어디 가셨길래 내가 가람이를 간호해줬냐고 물어보면 어떡하나, 걱정이 됐다. 나는 눈동자를 이리저리 몇 번 굴린 다음 엄마, 아빠는 모임에 가셔서 여섯 살 난 동생 가람이와 단둘이 집에 있었다고 일기장에 썼다.

그 이후부터는 전혀 어려움 없이 술술 써내려갈 수 있었다. 다행히 내 손톱은 더 이상 괴롭힘을 당할 필요가 없었다.

2012년 4월 12일

제목 : 엄마, 아빠가 없는 날

　엄마랑 아빠가 친구를 만나러 가셔서 동생 가람이랑 둘이서 집에 있었다. 그런데 가람이가 감기에 걸렸는지 콜록콜록 기침을 했다. 이마에 손을 대보니 열이 나서 엄청 뜨거웠다.

　엄마 아빠한테 전화해서 말하려고 하다가 안 했다. 엄마랑 아빠도 친구랑 놀 때 집에 오라고 그러면 싫을 거다. 나도 놀이터에서 놀다가 엄마가 집에 들어오라고 그러면 싫었기 때문에 잘 안다.

　가람이가 자꾸 아프다고 해서 감기약을 찾아서 먹였다. 그리고 침대에 누우라고 하고 이불을 덮어 주었다. 엄마가 내가 아플 때 해줬던 것처럼 물수건을 가람이의 이마에 올려놓았다. 그랬더니 금방 가람이가 기침도 안하고 열도 내렸다. 나는 너무 좋았다.

　조금 후 엄마, 아빠가 집에 오셨다. 내가 오늘 있었던 일을 얘기했더니 "우리 딸 다 컸네." 하며 웃으셨다. 자고 일어나면 가람이의 감기가 없어졌으면 좋겠다.

일기를 다 쓴 뒤 천천히 읽어보았다. 내가 썼지만 너무 잘 쓴 것 같아 흐뭇해졌다. 앞으로도 이런 식으로 일기를 쓰면 일기 쓸 게 없어 고민할 일은 없을 것 같았다. 그래도 거짓말로 쓴 일기다보니 일기장을 낼 때까지만 해도 계속 가슴이 콩닥거려서 혼났는데 다행히 선생님께서 내 일기를 칭찬해주신 거다. 정확히 말하면 내가 지어낸 이야기 속의 내 모습을 칭찬해주신 거지만, 그런 건 전혀 상관이 없었다.

## 어떤 이야기를 써볼까?

　매일 같은 하루처럼 느껴지겠지만 '나'의 오늘은 분명히 어제와 다르단다. 구름 위에 올라가서, 망원경으로 나의 하루를 지켜보고 있다고 생각해봐. 오늘 나는 어디에서 누구와 무엇을 하고 있지? 무슨 일이 일어났어? 그때 나는 어떤 표정이었더라? 나와 함께 있는 사람은 어떤 표정이야? 그 일이 일어난 후에는 어떻게 되었을까? 내가 나를 지켜보고 있는 것처럼 하나하나 차근하게 생각해보면 생각지 못했던 일들이 떠오를 거야.

　시간이나 장소별로 생각해보는 것도 방법이야. '오늘'을 하나의 덩어리처럼 생각하다보니 일기를 쓰려고 하면 멍해질 수밖에 없지.

　'수업 시간에는 무슨 일이 있었지?', '수업 시간에 선생님께서 무슨 말씀을 하셨을까?', '쉬는 시간에 친구와 무슨 이야기를 했지?', '체육시간에는 무슨 운동을 했지?' 등 시간별로 있었던 일을 기억해보거나 '오늘 하루 동안 가장 기억에 남는 장소', '내가 가장 좋아하는 장소' 등을 떠올려보고 그곳에서 내가 한 일, 느낀 일, 함께 있었던 사람 등을 생각해보면 좋은 글감을 찾을 수 있을 거야.

매일 걸어가던 길인데 오늘은 다른 느낌이었다. 햇살을 가득 머금은 나뭇잎들이 더없이 싱그러웠다. 다른 때는 시끄럽게만 느껴졌던 공사 현장의 소음도 마치 아름다운 음악소리처럼 느껴졌다. 하늘의 구름은 다양한 모양의 조각상 같이 느껴졌다. 길을 지나가는 사람들의 표정도 밝고 행복해보였다.

선생님께 칭찬을 받은 것이 이렇게 행복한 일일 줄이야. 이 기쁜 사실을 엄마한테 빨리 말하고 싶어졌다.

"엄마, 엄마!"

나는 신이 나서, 집에 들어오자마자 엄마를 찾았다. '위이잉' 소리가 집안 가득 울렸다. 엄마는 청소기로 거실을 청소하는 중이었다.

"엄마, 엄마! 오늘 나 말이야"
"이가온. 밖에서 들어오면 제일 먼저 뭐하라고 했지?"
"나 오늘 일기 잘 썼다고 선생님께 칭찬받았어."

엄마는 아무런 말없이 화장실 쪽으로 손을 가리키신다. '내가 칭찬받았다고 해도 기쁘지 않으신가?' 하고 생각했는데 엄마의 입가에 살짝 미소가 번지는 걸 보니 내가 손을 씻고 나오면 분명 칭찬해주실 것 같다. 난 기분 좋게 경례하듯, 손을 이마 위로 올렸다.

"네, 알겠습니다."

그리고 씩씩하게 화장실로 들어가 손에 비누칠을 했다. 차가운 물이 기분 좋게 내 손을 간질였다. 손 씻기가 끝나고 나는 신이 나서 엄마에게로 갔다.

"선생님이 나 착하다고 계속 칭찬해주셨거든. 우리 반 애들이 나 엄청 부러워했어."

'우리 가온이 잘했네.'라며 칭찬해주실 차례인데, 엄마의 표정이 영 좋지 않았다. 그리고 이내 엄마 손에 들려 있는 내 일기장을 보고 나 역시 표정이 싹 굳어져버렸다.

"가온이 너…."

내 이름을 부르는 엄마의 입술이 파르르 떨렸다. 엄마가 정말 화가 나신 거다. 난 엄마가 왜 이렇게 화를 내시는 건지 이해가 되지 않았다. 칭찬받았으면 된 거 아닌가?

"쓸게 없는데 어떡해! 그래도 선생님께 칭찬 받았단 말이야."

엄마는 머리가 아프신 듯 이마에 손을 얹는다. 그리고 애써 화를 가라앉히고 차분하게 이야기를 이어가셨다.

"가온아, 아무리 쓸게 없어도 그렇지! 어떻게 거짓말을…."

## 글감찾기표를 써봐!

하루동안 있었던 일을 장소별 또는 시간별로 생각해봐. 그 다음 아래 글감찾기표처럼 한 것, 본 것, 들은 것, 생각이나 느낌을 간단하게 적는 거야. 그중 한가지를 일기 글감으로 선택해서 자세히 쓰면 돼. 글감찾기표를 가지고 다니면서 그때그때 쓰는 것도 도움이 될 거야.

### 예시

| 글감 | 집에서 | 학교에서 | 학원에서 | 그 밖의 곳에서 |
|---|---|---|---|---|
| 한 것 | 아빠와 자전거 탔음 | 미술시간, 친구가 만든 것 망가뜨림 | 연주발표회 준비 | 엄마아빠랑 마트감 |
| 본 것 | 새로 생긴 공원 | 우는 친구 | 새로 받은 악보 | 물건 파는 사람들 |
| 들은 것 | 매미 소리 | 친구들이 속닥거리는 소리 | 친구들의 연주 | "세일! 세일!" |
| 생각/느낌 | 즐거움, 시원함 | 미안함, 화풀어라 | 속상함, 부러움, 연습해야지 | 신남, 사람이 많아 시끄럽다 |

엄마는 다시 한 번 내 일기장을 보신다. '엄마, 아빠가 늦으셔서 많이 걱정이 됐겠구나. 그래도 동생을 챙기는 모습이 너무 기특하네. 일기 잘 썼어. 가온아.' 라고 적혀 있는 선생님의 글의 뚫어져라 보더니 '휴우' 나지막이 한숨을 쉬고는 다시 이마에 손을 올리신다.

"선생님께서 엄마, 아빠를 어떻게 생각하시겠니? 속상해서 정말…."

선생님께 칭찬받았다고 하면 엄마가 기뻐할 줄 알았는데 오히려 화를 내는 엄마때문에 심통이 났다.

"책방에 다녀올게요."

나는 잔뜩 토라진 얼굴로 밖으로 나왔다. 현관문을 닫는 순간, 엄마의 한숨 소리가 다시 한 번 들려왔다. 나는 일부러 '쾅!' 소리가 날만큼 세게 현관문을 닫았다. 내가 속상하다는 걸 엄마한테도 알리고 싶었기 때문이다.

나는 문득 '일기 숙제'가 이해가 되지 않았다. 매일 똑같은 하루하루인데, 매일 일기를 쓴다는 것 자체가 말이 안 되는 것 아닌가? 매일 같은 내용을 쓸 수도 없으니 말이다. 그러니까 거짓으로라도 지어서 쓸 수밖에 없는데… 엄마는 왜 화를 내는 건지, 생각하면 생각할수록 화가 났다.

"일기 쓸 내용이 없는데 어떻게 하냐고!"

나는 속상한 마음에 바닥에 굴러다니는 깡통 하나를 툭! 찼다. 데구르르 굴러가던 깡통이 누군가의 발끝에서 멈췄다.

## 일기는 나의 솔직한 이야기

　선생님께 칭찬을 받고 싶어서 혹은 엄마한테 혼날까봐 솔직하게 쓰지 못하겠다고?

　물론 그 마음을 이해 못하는 건 아니야. 하지만 일기를 왜 쓰는지 우리 한 번 다시 생각해볼까? 하루를 돌아보고 나에게 있었던 일을 기록하고 잘못한 일이 있다면 반성하기 위해서겠지. 일기를 쓰면서 힘들었던 마음을 다독일 수도 있고 즐거웠던 일을 곱씹으며 행복한 기분이 들 수도 있어. 일기는 '나만의 이야기'라는 걸 명심해! 선생님이나 부모님께 혼이 나서 속상했던 마음, 엄마가 동생 편만 들어줘서 억울했던 마음, 그리고 친구가 나에게만 사탕을 나눠주지 않아서 얄미웠던 마음 등 하고 싶은 이야기를 솔직하게 쓰면 돼.

　부모님이나 선생님께서 일기를 읽고 그 일에 대해 혼을 내거나 놀리지 않을 테니 걱정하지 말고! 혹시 잘못한 일이 있다면 반성하고 다신 그런 일을 반복하지 않으면 되는 거야.

　너의 이야기를 솔직하게 표현해보렴.

내가 차버린 깡통을 주워들은 사람은 바로 같은 반 친구 태령이었다. 태령이는 나를 향해 반갑게 손을 흔들고는 깡통을 재활용 쓰레기통에 가져다 버렸다.

"가까운데 쓰레기통이 있는데도 왜 바닥에 버릴까?"

태령이가 나를 보고 말했다. 나는 괜히 부끄러워졌다. 내가 버린 건 아니지만 난 태령이처럼 깡통을 줍지 않고 발로 차버렸으니. 태령이는 무언가 생각이 난 듯, '아!' 하고 말하더니 주머니에서 작은 수첩 하나를 꺼내 무언가를 적기 시작했다.

"뭘 적는 거야?"

"일기에 쓰려고 메모해두는 거야."

"일기에 쓴다고? 겨우 깡통 하나 버린 걸 가지고 일기를 쓴단 말이야?"

태령이는 수첩을 덮으며 살짝 미소를 짓는다.

"꼭 특별한 일만 일기에 적는 건 아니야. 어떻게 매일 특별한 일이 있겠어? 지금은 겨우 깡통 하나지만, 이걸 시작으로 바닥에 버려진 쓰레기가 계속 내 눈에 띄게 될 거 아니야."

이런 작은 경험도 일기의 글감이 될 수 있다는 사실이 놀라웠다. 의젓하게 이야기하는 태령이가 오늘따라 나보다 몇 살이나 많은 언니처럼 느껴졌다.

'그래! 가장 기억에 남는 일이 꼭 특별한 일일 필요는 없어! '가장 기억에 남는 것'이 일기 글감을 찾는 것을 방해하는 함정이었던 거야!'

언제나 오늘 일기에는 무슨 내용을 써야 하나 고민하다가 겨우 두세 줄만 쓰고 더는 생각이 안 나 일기장을 덮고 싶을 때가 많았다. 일기 숙제는 나에게 가장 하기 싫은 숙제이자, 왜 해야 하는지 이해가 가지 않는 숙제였다. 그렇다고 안 할 수도 없으니 거짓말로 지어낼 수밖에 없었던 거다. 나의 고민을 태령이에게 털어 놓았더니 태령이는 안경을 쓰윽 올리고는 미소를 지었다.

"그걸 쓰면 되잖아."

나는 순간 태령이가 날 놀리는 것 같아서 표정이 굳어졌다.

"말도 안 돼. 선생님이 읽고 혼내시면 어떡해!"

"일기는 솔직하게 자신의 이야기를 쓰는 거라고 배웠잖아. 배운 대로 했는데 왜 혼내시겠어."

태령이의 말이 맞다. 선생님은 늘 '일기는 자신의 이야기를 솔직하게 쓰는 거야'라고 말씀하시면서 일기를 숙제라고 생각하지 말라고 하셨다. 일기를 어렵지 않게 생각하는 태령이를 보니 살짝 자존심이 상하기도 했다. 하지만 괜찮다.

이제 어떤 걸 써야 하는지 알 것 같기 때문이다. 빨리 집에 가서 일기를 쓸 생각에 나는 얼른 발걸음을 옮겼다.

"가온아, 갑자기 어디 가?"
"응! 일기 쓰러!"

나는 태령이를 향해 씨익 미소를 짓고는 집을 향해 달리기 시작했다. 오늘은 절대로 지어내지 않을 거다. 일기 쓰기가 싫어서 거짓말로 일기를 썼다고, 그래서 엄마를 속상하게 했다고 솔직하게 써야지. 그게 나의 이야기, 내 일기니까.

아! 일단 집에 가자마자 엄마한테 잘못했다고 말해야겠다.

## 글감 찾기 비법

글감과 열심히 숨바꼭질을 했지만 일기에 쓰고 싶은 글감을 찾지 못한 친구들도 있겠지? 그럴 땐 조금 다른 방법으로 글감을 찾아보면 돼. 일기는 꼭 자신이 겪은 일만 써야 하는 것은 아니거든. 다양한 주제로 자신의 생각과 느낌을 자유롭게 쓰는 것도 일기 쓰기의 좋은 방법이야. 어떤 방법들이 있을까?

### 1 나의 관심거리

글감이 생각나지 않을 때는 나의 꿈, 좋아하는 친구, 가장 아끼는 물건, 가장 잘 아는 분야, 나의 가족, 좋아하는 TV 프로그램, 좋아하는 캐릭터나 연예인, 잘하는 과목 등 자신의 관심거리를 집중적으로 생각해봐. 아마도 쓸거리가 넘쳐서 고민이 될걸?

## 2 궁금한 것, 여러 가지 질문

일상 속의 다양한 궁금증을 일기로 써보는 건 어때?

'비는 왜 오는 것일까?', '횡단보도의 신호등 색은 왜 빨강색과 초록색일까?', '물고기는 어떻게 물속에서 숨을 쉴까?', '하늘의 구름은 어떤 느낌일까?', '수학은 왜 배워야 할까?', '돈은 누가 만드는 것일까?' 등 궁금증이 생겼다면, 먼저 정답을 찾지 말고, 자신만의 방법으로 이유를 생각해보는 거야. 그리고 인터넷과 책 등을 통해 정답을 찾아보면 공부와 일기! 두 마리 토끼를 모두 잡을 수 있겠지?

## 3 길에서 보고 느낀 것들

길에서 보고 느낀 것들도 일기의 좋은 글감이 될 수 있어. 학교나 학원을 오가며 본 나무와 꽃, 하늘, 구름과 같은 자연이나 놀이터, 공원, 슈퍼마켓, 시장 등을 세심하게 관찰하고 그 중 하나를 골라 본 것 그리고 느낀 점, 자신의 생각을 적어보렴. 주변에 관심을 갖고 관찰하면 더 알고 싶어지고 더 많이 쓰고 싶어지겠지?

### 4  신문에서 글감 찾기

　신문 속에는 다양한 일기 글감이 숨어 있어. 신문을 읽고 관심 있는 기사를 찾아 붙이고 나의 생각을 적어보거나, 재미있는 사진을 붙이고 기사를 만들어 볼 수도 있겠지? 모르는 낱말을 찾아 뜻을 찾고 짧은 글짓기를 해볼 수도 있고, 기사를 통해 새롭게 알게 된 점을 써볼 수도 있단다.

### 5  책에서 글감 찾기

　책을 읽고 느낀 점이나 인상 깊은 장면에 대해 일기장에 쓰는 걸 독서 일기라고 해. 책의 내용을 간단히 소개하고 느낀 점을 쓰거나 나와 주인공의 닮은 점과 다른 점, 혹은 주인공의 행동을 보고 나라면 어떻게 했을까?, 책의 주인공이 되어 일기 쓰기, 뒷이야기 바꿔 보기 등 다양한 방법으로 독서 일기를 쓸 수 있어.

### 6  상상 속에서 글감 찾기

　'나에게 해리포터의 투명망토가 생긴다면?', '외계인이 우리 학교에 전학을 온다면?', '엄마와 내가 영혼이 바뀐다면?', '멸종된 공룡이 다시 살아난다면?', '낮이 사라진다면?', '숙제를 대신해주는 로봇이 생긴다면?', '내가 엄지손가락처럼 작아진다면?', '내가 여자(혹은 남자)가 된다면?', '내가 하늘을 난다면?' 등 무한한 상상의 나래를 펼쳐봐!

## 7 공부한 내용에서 글감 찾기

학교나 집, 그리고 학원 등에서 공부를 한 내용도 일기의 글감이 될 수 있어. 내가 공부한 과목과 내용, 새롭게 알게 된 점, 더 알고 싶은 점 등을 기록하는 거지. 일기를 쓰면서 공부했던 내용을 한 번 더 떠올릴 수 있으니 자연스럽게 복습이 되겠지.

## 8 마음의 소리에 귀 기울이기

지금 마음이 하는 말에 가만히 귀를 기울여 봐. 누구에게도 말하지 못했던 고민, 꼭꼭 숨겨두고 싶은 실수한 일, 생각만 해도 얼굴이 빨개지는 부끄러운 일, 들키고 싶지 않은 잘못한 일 등이 떠오를 거야. 그 일들을 글감으로 정해서 솔직하게 속마음을 털어 놓는다면 대나무 밭에서 '임금님 귀는 당나귀 귀!!' 하고 소리쳤던 노인처럼 속이 시원해질 거야.

# 스스로 평가

글감을 찾았나요? 찾은 글감을 스스로 확인해봐요!

일기장에 쓰고 싶은 이야기 인가요? ☐

솔직하게 쓸 준비가 되었나요? ☐

어떻게 쓰면 좋을지 생각해 보았나요? ☐

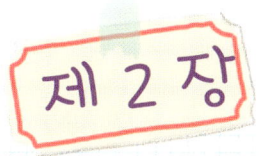

# 제 2 장

# 생각과 느낌이 있는 일기

**스스로 세우는 목표**
**일기 완성하기**

"나도 일기 잘 쓰고 싶다"

"이가온"

선생님께서 일기장을 나눠주시며 가온이 이름을 부르셨다. 혹시 혼이라도 날까 걱정이 됐는지, 가온이는 잔뜩 긴장된 표정으로 자신의 손을 만지작거렸다.

"가온이의 일기 솔직해서 참 좋았어. 또 대화내용도 잘 살려서 일기가 생생하게 잘 표현됐더구나. 잘했어."

가온이의 일기는 오늘도 칭찬을 받았다. 일기장을 받아든 가온이의 얼굴에 환한 미소가 번졌다. 가온이의 짝꿍 희준이 차례가 되자, 선생님은 나지막하니 한숨부터 내쉬었다.

"김희준! 넌 이번에도 달랑 다섯 줄이야! 너는 일기 쓸 내용이 그렇게 없니? 어떻게 매일 학교에 가서 공부하고 친구랑 놀고 급식 먹고 집에 갔다란 내용밖에 안 쓰니?"

"선생님~~ 왜 남의 일기 내용을 다 말하고 그러세요! 일기는 내 소중한 비밀이란 말이에요!"

희준이가 장난스럽게 투정을 부리자, 선생님은 그런 희준이를 도저히 미워할 수 없겠다는 듯이 '으이그~' 하며 살짝 흘겨 보셨다.

"말이나 못하면. 뭐 특별한 이야기가 있어야 비밀이지! 남들이랑 똑같은 이야기가 무슨 비밀이니! 하루 동안 있었던 모든 일들을 나열하는 게 일기가 아니야."

희준이는 입을 삐죽거리고는 선생님께 받은 일기장을 쳐다보기도 싫다는 듯 얼른 책상 서랍 속으로 넣어버렸다.

"김태령!"

선생님께서 드디어 내 이름을 부르셨다. 혹시나 가온이처럼 칭찬을 받을까, 기대를 해봤지만, 오늘도 아무런 말씀 없이 미소를 지으며 일기장을 건네주실 뿐이다. 일기장에는 '참 잘했어요' 도장만 덩그러니 찍혀 있었다.

매일 일기의 글감이 될 만한 일들을 글감 수첩에 적어 두기 때문에 일기의 글감을 찾는 건 그리 어려운 일이 아니었다.

많은 글감 중에 하나를 골라 적으면 되기 때문에 일기 숙제가 하기 싫다고 생각해본 적도 없다.

'가온이에게 글감 찾는 법을 가르쳐 준 사람도 나였다고! 그런데 왜 가온이의 일기는 칭찬을 받고 내 일기에는 아무런 말씀도 안 해주실까?'

일기는 칭찬 받기 위해 쓰는 게 아니라곤 하지만, 내가 일기 쓰는 방식이 뭔가 문제가 있는 것 같아 괜히 속상해진다.

"왜 이렇게 힘이 없어?"

가온이가 내 눈치를 살피며 조심스럽게 물었다. 다른 때 같으면 신문기자라도 된 듯, 일기의 글감을 찾기 위해 두리번거리고 다니던 내가 힘없이 고개를 숙이고 있자 걱정이 됐나보다.

"너, 어제 일기에 뭐 썼어?"

내 질문이 갑작스러웠는지 가온이의 눈이 휘둥그레졌다. 나도 내 입에서 불쑥 나온 말 때문에 당황스럽긴 했지만, 알아야겠다. 가온이의 일기와 내 일기가 뭐가 다른지.

가온이는 일기 내용을 떠올리는 듯 뭔가 생각하는 듯한 표정을 짓더니, 이내 입을 열었다.

"내 동생 가람이 알지? 걔가 어제 내 색연필을 모두 망가뜨려서 엄청 화가 났었거든. 그런데 엄마가 색연필을 제대로 두지 않아서 그런 거라며 오히려 나를 혼내시는 거야. 얼마나 속상하던지. 그래서 일기에도 가람이가 진짜 싫다! 엄마도 밉다! 이렇게 다 썼어."

"그 내용을 썼다고?"

가온이는 고개를 끄덕였다. 가온이의 이야기를 듣고 나니 더 이해가 되지 않았다. 내용으로 봐도 내 일기 글감이 훨씬 더 훌륭한 것 같은데, 선생님은 왜 가온이가 일기를 잘 썼다는 거지? 내 생각을 알 리 없는 가온이는 말을 이어갔다.

"근데 생각해보니 엄마 말이 맞는 거야. 내가 색연필을 잘 치워뒀더라면 가람이가 망가뜨렸을 리도 없고, 나랑 싸울 필요도 없었겠지. 나중에 들은 얘긴데 내가 가람이 싫다고 막 소리 질러서 가람이가 많이 속상해 했다고 하더라고. 울다가 잠든 모습 보는데 나도 괜히 눈물이 났어."

"그 내용도 썼어?"

이번에도 가온이는 대답 대신 고개를 끄덕이더니, 이내 씩 웃어 보였다.

"내가 선생님께 칭찬받아서 샘났구나?"

나는 급히 '아니야' 하고 대답했지만, 내 마음을 들킨 것 같아 얼굴이 붉어졌다. 가온이는 다 알겠다는 듯 미소를 지었다.

## 생각과 느낌을 자세하게 쓰자!

있었던 일에 대해서는 잘 썼는데 마지막에 "참 재미있었다", "다음에 또 가고 싶다", "앞으로 그러지 말아야겠다" 등 간단하게 느낌을 마무리하는 친구들 분명히 있지?

나에게 있었던 일을 먼저 쭉 쓴 뒤 마지막에 느낌을 적으려다 보니 간단한 느낌 말고는 쓸 수가 없는지도 몰라. 경험한 일에 대해서 쓰는 중간중간에도 느낌과 생각을 적어봐.

"엄마를 도와 설거지를 했다. 앞으로도 엄마를 많이 도와드려야겠다." 보다는 설거지를 하면서 세제 거품을 만지며 느꼈던 기분, 그릇이 자꾸 미끄러져서 깨질까봐 조마조마 했던 마음, 그릇이 뽀드득 뽀드득 닦일 때의 개운함, 설거지를 마친 후, "우리 딸 다 컸네" 하며 엄마의 칭찬을 받았을 때의 기분 등을 표현한다면 더 풍부한 일기가 되겠지?

"선생님께서 내 일기는 경험한 일만 있는 게 아니라 생각과 느낌이 많이 표현돼서 좋다고 적어주셨더라고."

"생각과 느낌?"

"응. 그리고 일기는 하루를 돌아보고 반성하는 역할도 있다고 하셨어. 잘못한 일을 솔직하게 쓰고 그 일을 반성하는 모습이 예쁘다고 칭찬도 해주셨고."

가온이는 신이 나서 자랑을 늘어놓았다. 하지만 이런 가온이가 밉기 보다는 내 일기의 문제점이 하나하나 떠올랐다. 나는 부끄럽지만 가방에서 내 일기장을 꺼내 가온이에게 내밀었다.

"가온아, 내 일기 좀 봐줘!"

"정말 읽어도 돼?"

가온이는 처음에는 당황했지만, 금세 눈을 반짝였다. 그리곤 조심스럽게 일기를 살펴보았다.

2012년 4월 13일

제목: 쓰레기 주워 버리기

바닥에 음료수캔이 굴러다니는 걸 봤다. 주우려고 하는데 그 순간 가온이가 발로 음료수캔을 차버렸다. 나는 얼른 주워서 재활용 쓰레기통에 버렸다. 가온이와 이런 저런 이야기를 하다가 가온이는 집에 가고 나는 학원에 갔다.

학원에 가는 길에도 바닥에 버려진 쓰레기들이 보였다. 나는 또 주워서 쓰레기통에 버리려고 하는데 아무리 찾아봐도 쓰레기통이 보이지 않았다.

나는 그 쓰레기들을 학원으로 가져가 학원 쓰레기통에 버렸다. 앞으로도 쓰레기가 보이면 주워서 쓰레기통에 버릴 것이다.

가온이는 자신의 이름이 나오자, '김태령~ 뭐야, 왜 내 이름이 나와' 하며 투덜거리더니 이내 무표정한 얼굴로 내 일기를 꼼꼼하게 살피기 시작했다. 나는 가온이의 입에서 어떤 말이 나올까, 괜히 긴장이 돼 꿀꺽 마른침을 삼켰다.
　가온이는 내 일기를 다 읽었는지, 일기장을 탁 덮었다.

　"태령아, 네 일기를 읽고 나니까 선생님께서 내 일기장에 적어주신 말이 어떤 뜻인지 확실히 알 것 같아."

나는 아무 말 없이 가온이의 말이 이어지길 기다렸다.

"너의 일기는 한 일만 있지. 생각과 느낌이 하나도 없잖아. 나는 음료수캔을 발로 뻥! 찼지만 너는 주워서 재활용통에 버렸잖아. 그건 왜 그런 거야?"

"그거야 나라도 주워서 버리면 거리가 깨끗해질 테니까."

"그럼, 그걸 주워서 버리면서 어떤 생각을 했어?"

나는 어제 일을 곰곰이 떠올려 봤다.

'쓰레기는 쓰레기통에 버려야 한다는 건 너무 당연한 일인데 왜 바닥에 버릴까? 치우는 사람 따로 있고 버리는 사람 따로 있는 것도 아닌데….'

이런 생각을 하며 툴툴 거렸고, 분명히 분리수거 표시가 되어 있는 쓰레기통인데도 쓰레기가 아무렇게나 섞여 있는 걸 보고 분리수거에 대해 생각해보기도 했다.

"그래, 생각과 느낌을 써야 했어!"

나는 알겠다는 듯, 손뼉을 치며 말했다.

"가온아, 너 족집게 일기 선생님 같아!"

내 말에 가온이는 목을 젖히며 크게 웃고는 내 어깨를 툭 쳤다.

"나한테 너는 글감 찾기 선생님이잖아."

가온이의 말에 나는 씨익 웃어보였다. 친구는 서로에게 배워가며 자란다는 게 이런 건가보다.

글감만 잘 찾으면 일기 쓰는 게 어렵지 않을 줄 알았다. 일기는 내가 한일만 기록하면 되는 건 줄 알았기 때문이다. 짧게 쓴 일기 때문에 희준이가 선생님께 혼이 났지만, 내 일기는 희준이의 일기보다 길이만 길 뿐인 거다.

가만히 내 일기장을 바라봤다. 조금 전엔 몰랐는데 반짝반짝 빛이 나는 내 마음의 보석처럼 느껴졌다.

## 일기를 멋지게 완성해볼까?

**1** 날씨를 재미있게 표현하기

    날씨는 '맑음', '흐림', '비', '눈' 등 간단하게 기록하기보다 문장으로 자세히 쓰는 것이 더 좋아. 자신만의 재미있는 표현으로 날씨를 쓰면 일기 쓰는 게 더 즐거워지거든. 자신이 가지고 있는 상상력과 창의력으로 날씨의 다양한 특징을 표현해보는 거지.

### 맑은 날

- 따뜻한 봄바람이 살랑살랑
- 해가 나를 향해 방글방글 웃은 날
- 하늘이 깨끗이 닦아놓은 유리같이 맑은 날

### 흐린 날

- 엄마에게 혼난 뒤 내 마음처럼 흐린 날
- 하늘이 우울한 날
- 해와 구름이 숨바꼭질을 한 날
- 우르릉 쾅쾅! 하늘이 배가 아픈가?

### 눈이 온 날

- 하얀 눈이 펑펑 내려 운동장을 흰 도화지처럼 만든 날
- 하늘에서 하얀 천사들이 내려온 날
- 커다란 눈사람을 만들고 싶은 날

### 바람이 분 날

- 바람이 쌩쌩, 바람을 타고 날아가고 싶은 날
- 바람이 내 머리카락을 엉망으로 만든 날

### 비 온 날

- 주르륵 하늘이 눈물을 흘린 날
- 운동장에 놀고 싶은데 오늘도 비가 주룩주룩
- 예쁜 우산을 자랑하고 싶은 날

## 2 때와 장소를 자세하게 쓰기

어떤 이야기를 쓸지 정했다면 그 일이 언제 일어났는지 생각해봐. 언제 일어났니?

당연히 오늘 일어난 일이라고 대답했지?

그럴 줄 알았어. 하지만 그냥 '오늘'이라고 하기보다 아침인지, 점심인지, 저녁인지 혹은 학교 가기 전인지, 국어시간인지 수학시간인지, 점심시간인지 쉬는 시간인지. 아니면 좋아하는 예능 프로그램이 시작하기 전, 저녁을 먹고 나서 등으로 자세하게 표현하는 것이 좋지.

그럼 그 일은 어디에서 일어났니?

학교에서 일어난 일이라면 교실인지 복도인지 화장실인지 혹은 운동장인지 자세하게 표현하고 집에서 있었던 일이라면 내 방에서 있었던 일인지, 거실에서 있었던 일인지 생각해보고 자세히 쓰는 것이 좋아.

## 3  대화를 살려서 일기 쓰기

가족과 친구 그리고 선생님과 대화한 내용을 살려서 일기를 쓰면 더욱 실감나고 재미있는 내용이 될 거야. 즐겁게 대화를 나눈 것에 대해서도 좋고 다퉜던 대화 내용을 쓸 수도 있겠지. 엄마가 나를 칭찬해주시면서 하셨던 말, 혹은 혼내시며 하셨던 말을 적을 수도 있어.

대화한 내용을 살려서 일기를 쓰면 나중에 그 일기를 읽을 때도 그 때의 일이 생생하게 떠오를 거야.

## 4 일기장을 친구라고 생각해보기

어쩐지 일기는 누군가가 볼 것 같다는 생각에 내가 정말 쓰고 싶은 이야기를 쓰지 못해 고민이라면 일기를 정말 친구라고 생각하고 친구와 수다 떨듯이 편하게 써보는 건 어때? '키티'라는 일기 친구를 둔 안네처럼. 안네 프랑크라는 소녀는 세계 2차 대전 당시 유태인이라는 이유만으로 지옥 같은 경험을 해야 했어. 안네는 피신해 있는 동안 생일날 선물 받았던 일기장에 '키티'라는 귀여운 이름을 붙여주고 친구에게 이야기를 하듯 자신의 하루하루를 솔직하고 자세하게 기록했지. 그 일기는 '안네의 일기'라는 제목의 책으로 나와서 전 세계인의 가슴을 울리며 지금까지 사랑받고 있단다.

안네처럼 일기장에 이름을 붙여주고 친구에게 이야기 하듯 일기를 쓴다면 더 솔직하게 더 즐겁게 일기를 쓸 수 있지 않을까? 내 일기장엔 어떤 이름을 붙여주고 싶니?

## 5  반성한 내용을 쓰기

솔직하게 나에게 있었던 일, 내 느낌 등을 적었다면 내가 했던 행동이나 말 중 후회가 되는 일이나 잘못했다고 생각되는 일을 떠올려봐. 친구를 다치게 해놓고 사과를 하지 않았던 일, 친구의 물건을 맘대로 썼던 일, 엄마한테 말대꾸해서 엄마를 속상하게 했던 일, 동생이 너무 미워서 때린 일, 준비물을 가져가지 않았는데 잃어버렸다고 거짓말 했던 일 등 잘못했던 일이나 다른 사람을 속상하게 했던 일이 떠오른다면 일기에 그 마음을 적어봐.

미안한 마음, 걱정되는 마음, 다신 그러지 않아야겠다는 다짐 등을 적어보면 쑥쑥 자라는 키만큼 너의 마음도 쑥쑥 자랄 거야.

2012년 4월 4일

제목: 엄마와 나의비밀

엄마가 나를 깨우셨다. 하지만 나는 눈이 안떠졌다. 너무 졸렸다. 그런데 엄마가 "채원아 이것 좀봐 이공책은 엄마랑 채원이의 편지를 주고받는 공책이야" 나는 눈을 살며시 떴다. 엄마가 다시 말했다. "그리고 이건 너하고 나만 아는 비밀이야" 나는 엄마가 쓴 편지를 읽었다. 나는 엄마한테 미안하기도 하고 기쁘기도 했다. 나는 재빨리 엄마에게 편지를 쓰고 싶었다. 그리고 학교갈 준비도 발리하고 이부자리도 정리했다. 엄마의 편지 덕분에 오늘하루 즐겁게 시작하였다. 엄마랑 주고받을 편지가 기대된다.

> 엄마의 편지를 읽으며 미안하면서도 기쁜 마음, 빨리 답장을 쓰고 싶은 마음, 기대감 등을 잘 표현했어. 채원이가 엄마의 편지를 읽고 있을 때, 혹시 편지 너머로 슬그머니 본 엄마의 표정이 어땠는지 기억이 난다면, 그 모습도 표현해주면 더 실감나는 일기가 되겠지?

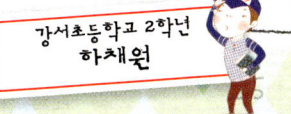

강서초등학교 2학년
하채원

2012년 7월 10일

비도 안오는데 습기가 차고 비가 올것 같은 날

가창 시험

4교시 끝생 시간에 가창 시험을 봤다. 가슴이 콩닥콩닥 두근두근 거렸다. 왜냐하면 가창시험을 어떻게 봐야 할지 고민 되서 그런 것이다. 내 이름이 불리는 순간 나는 덜컥 마음이 멈췄다. 소리를 크게 내고 싶은데 못해서 꿈 아쉬웠다. 그런데 나는 생각보다 잘 한것 같다. 그래서 나는 점수가 더 많이 기대 됬다. 선생님이 떠들면 10점씩 뺀다고 하셨다. 다음에는 씩씩하고 우렁찬 목소리로 노래를 부를 것이다.

가창시험을 보는 날의 마음상태를 솔직하게 잘 썼어. 자신의 차례가 되자, 두근거리는 마음, 소리를 크게 내지 못해서 아쉬운 마음, 생각보다 잘한 것 같은 뿌듯함 등이 재미있게 그려졌어. 다음 가창 시험 때는 세준이의 다짐대로 씩씩하고 우렁찬 목소리로 불러봐!

강서초등학교 2학년
박세준

2012년 8월 9일

제목: 이 빠진 날

치과를 가서 이를 뺐다. 많이 안 아파서 아! 라고도 안했다. 많이 긴장했지만 아픈 것은 1초였다. 괜히 긴장했다. 별로 많이 아프지도 않은데 나는 내가 자랑스럽다

다른 친구들이 서현이의 일기를 읽는다면, 이를 뺐던 때가 생각나서 그 상황에 대해 충분히 공감할 수 있을 것 같아. 길게 쓴 일기는 아니지만, 치과에서 이를 빼는 상황과 느낌을 잘 표현했다는 점에서 칭찬해 주고 싶어.

신강초등학교 2학년
최서현

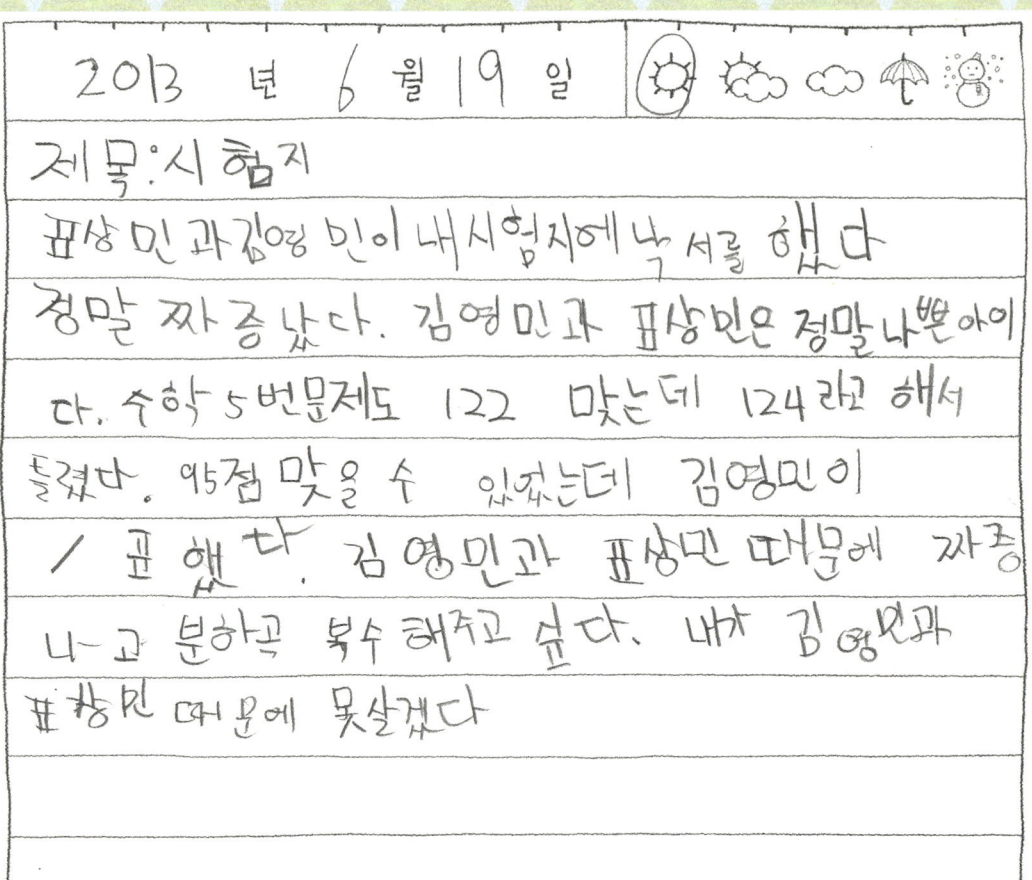

2013년 6월 19일

제목: 시험지

표상민과 김영민이 내 시험지에 낙서를 했다. 정말 짜증 났다. 김영민과 표상민은 정말 나쁜 아이다. 수학 5번 문제도 122 맞는데 124라고 해서 틀렸다. 95점 맞을 수 있었는데 김영민이 / 곱했다. 김영민과 표상민 때문에 짜증나고 분하고 복수해주고 싶다. 내가 김영민과 표상민 때문에 못살겠다

억울하고 속상한 마음이 생생하게 드러나는 일기네. 글이라는 건 원래 마음을 치유하는 힘도 지니고 있어. 아마 일기를 쓰는 동안 속상한 마음이 조금 풀렸겠지? '시험지'라는 제목 보다는 '억울한 시험 점수'처럼 내용을 잘 드러내는 제목을 짓는 것도 좋을 것 같아.

신강초등학교 2학년
최서현

2012년 5월 6일

제목: 친? 외?

　친할머니댁을 갔다. 거기서 TV도 보고, 컴퓨터도 하고, 숙제와 책읽기, 종이접기 등등을 했다. 그중에 할머니와 마트를 가서 주포, 멸치, 고추 등을 사고 오다가 요구르트를 사먹었다. 난 친할머니가 고마우시다. 왜냐하면 나를 돌봐주시고, 맛있는 음식들을 사주시기도 하고, 만들어 주시기 때문이다. 그런데 갑자기 친할머니의 친! 외할머니의 외! 가 왜 하필 친과 외가 붙어 있는건지 너~무 궁금했다. 그리고 집에 와선 밖에서 자전거를 탔다. 정말 재밌었다.

친할머니와 외할머니의 차이가 무엇인지 궁금해 하는 모습이 너무 귀여워. 할머니 댁에 가서 있었던 일을 다 말하기 보다 그 궁금증을 중심으로 쓰면 어떨까? 왜 할머니, 할아버지 앞에 '친'과 '외'가 붙는지 부모님께 여쭤본다던가 찾아보고 생각과 느낌을 적어도 좋겠지.

마장초등학교 2학년
이채원

# 스스로 평가

다 쓴 일기를 보면서 스스로 확인해봐요!

날짜는 썼나요? ☐

날씨를 문장으로 구체적으로 적었나요? ☐

제목은 달았나요? ☐

하루 동안 있었던 일을 순서대로 나열하지 않고
한 가지 내용으로 자세히 썼나요? ☐

일기의 내용은 솔직하게 썼나요? ☐

생각과 느낌을 표현했나요? ☐

못한 일에 대해 생각해보고 반성했나요? ☐

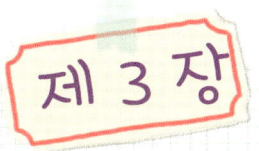

# 엄마 관찰 일기

**스스로 세우는 목표**
**다양한 방법으로 일기 쓰기**

"일기쓰기 재미없어!"

데구르르.

연필이 내 발밑으로 굴러 갔다. 일기를 쓰려고 책상 앞에 앉기는 했지만, 내 일기장에는 날짜만 덩그러니 적혀 있다. 뭘 써야 할지 생각이 안 나 연필만 이리저리 돌리다가 몇 번이나 바닥에 떨어뜨렸나 모른다. 예전 같으면 대충 5분 만에 써버리고 컴퓨터 게임을 하며 놀았을 거다. 그런데 오늘은 다르다.

"김희준! 넌 이번에도 다섯 줄이야! 너는 일기 쓸 내용이 그렇게 없니? 어떻게 매일 학교에 가서 공부하고 친구와 놀고 급식 먹고 집에 갔다란 내용 밖에 안 쓰니?"

선생님의 목소리가 또 다시 들리는 것 같아 나는 고개를 절레절레 저었다. 친구들이 다 보고 있으니 아무렇지도 않은 척 장난스럽게 떠들어댔지만 사실 엄청 부끄러웠다.

나도 진짜 진짜 일기를 잘 쓰고 싶다. 그런데 그게 쉽지 않으니까 문제인 거지.

'선생님은 한 가지 글감을 정하라고 하셨지. 그걸로만 일기를 쓰라고 하셨지만 그건 너무 심심해. 더 재미있게 쓸 수는 없을까? 여러 가지 방법으로 일기를 쓸 수 있다면 매일매일 쓰는 일기도 재밌어질 텐데….'

꼬르륵.

너무 오랫동안 고민했더니 뱃속에서 밥 달라고 난리다. 일단 밥부터 먹고 생각해봐야겠다.

"엄마~ 배고파요."

계속 꼬르륵 소리를 내는 배를 손바닥으로 비비며 거실로 나왔다. 엄마는 내가 나온 줄도 모르고 노트북 모니터를 바라보며 미소를 띠고 있었다.

"엄마!!"

엄마의 귓가에 대고 엄마를 불렀더니 엄마가 깜짝 놀란다.

"희준아, 깜짝 놀랐잖니"
"치, 나보고는 컴퓨터 게임하지 말라면서, 엄마도 게임하고 있었구나."

나는 툴툴 거리며 엄마 옆에 앉았다. 그런데 모니터에는 화려한 게임 캐릭터가 아닌 새카만 사진과 글이 적혀 있었다.

"이게 뭐야?"
"네가 엄마 뱃속에 있을 때 모습이야. 콩알만 하지?"

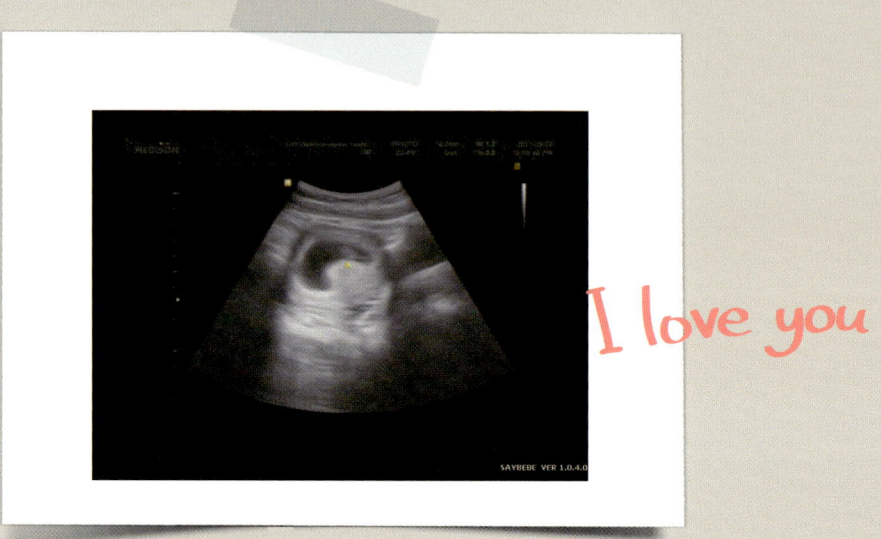

*I love you*

이렇게 콩알만한 게 내 아이라니. 실감이 안 난다고 의사선생님께 말씀드리자, 그 말이 서운했는지 쿵쾅쿵쾅, 심장 소리를 낸다.
"엄마, 나 여기 있어요. 앞으로 잘 부탁해요." 라고 말하는 것만 같아서 나도 모르게 눈물이 흘렀다.
내 눈물을 닦아주던 그이도 눈물이 나는지 훌쩍거리기 시작했다.
결국 둘이 마주보고 얼마나 엉엉 울었는지. 우리 아기가 엄마, 아빠 닮아서 울보로 태어나면 안 되는데. 걱정이다.

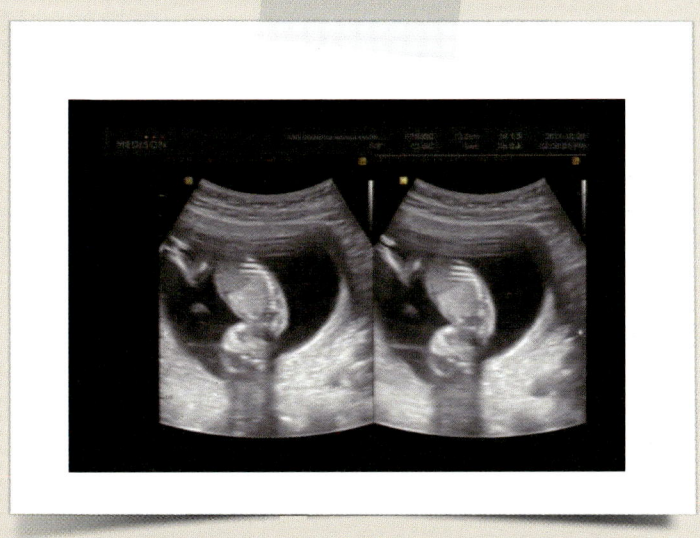

계단을 내려오다가 현기증이 나서 넘어지고 말았다.

순간, 뱃속에 있는 콩알이에게 무슨 일이 생긴 게 아닌가 걱정이 돼서 병원으로 달려왔다. 다행히 콩알이는 아주 건강하게 잘 놀고 있다고 한다.

그때서야 손목과 무릎이 욱신거리기 시작했다.

손바닥과 무릎에 상처가 가득했다. 몸은 아픈데 웃음이 새어 나왔다.

나 아픈 것보다 콩알이가 걱정되다니. 나도 이제 어쩔 수 없는 엄만가보다.

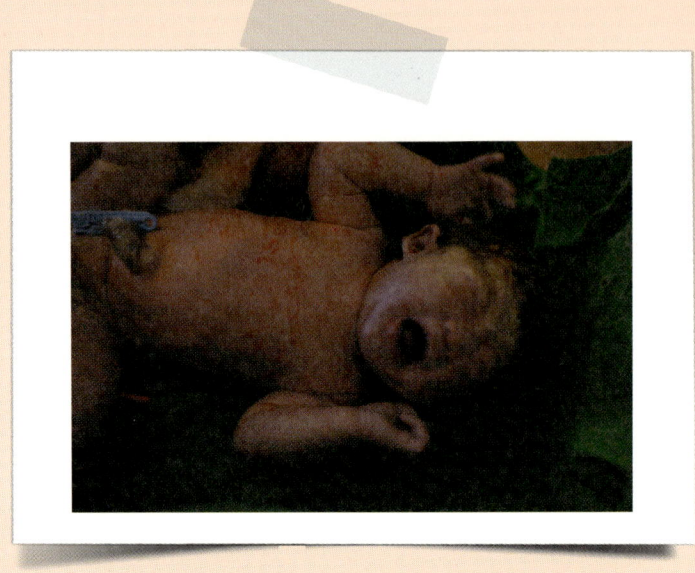

16시간의 긴 진통 끝에 콩알이가 드디어 태어났다.

3.2kg. 건강하게 태어나 준 우리 콩알이.

콩알이를 안고 있으니 16시간의 긴 고통이 아무렇지도 않게 느껴졌다.

이 순간을 얼마나 기다렸는지.

희준이의 첫 번째 생일날.
엄마는 연필을 잡기를, 아빠는 돈을 잡기를 내심 바랬지만 조금의 망설임도 없이 마이크를 집어 든다. 가수가 되려나?

시커먼 사진을 자세히 들여다보니 정말 콩알만한 무언가가 보였다.

"이게 나라고?"

엄마는 내 머리카락을 쓰다듬으며 미소를 지었다. 엄마는 나를 키우며 있었던 일들을 하나하나 기록하고 계셨다. 내 육아일기라고 하셨다.

"엄마도 일기를 쓰는 거네."

엄마는 고개를 끄덕였다.

"이 일기 속에는 희준이를 키우며 엄마가 느꼈던 여러 가지 이야기들이 다 들어 있어. 작은 변화에 감동받았던 순간, 기뻤던 순간, 그리고 속상했던 순간도."

나는 엄마가 쓴 내 육아일기를 다시 한 번 하나하나 읽어보았다. 나에 대한 엄마의 사랑과 관심이 고스란히 느껴졌다. 이건 조금 부끄러운 얘기지만, 내가 애기 때 똥을 몇 번 눴는지까지 적어놓으셨을 정도다.

"이거 쓰는 거 안 힘들었어요?"
"내가 너무 사랑하는 사람에 대해 관찰하고 기록하는 건데 뭐가 힘들어. 이걸 적는 동안 얼마나 즐겁고 행복했다고."

나는 엄마를 보며 씨익 웃어 보였다.

"콩알만 하던 게 언제 이렇게 컸담."

## 관찰일기는 어떻게 쓰지?

　관찰하고 싶은 대상을 정한 뒤 자세히 관찰하며 본 것, 알게 된 것, 느낀 것 등을 쓰는 일기를 관찰일기라고 해. 평소 궁금했던 동물이나 식물, 사람, 자연환경 등을 자세하게 관찰하고 일기를 쓰면 되겠지. 일정한 기간마다 사진을 찍거나 그림을 그려서 얼마나 성장했는지, 얼마나 달라졌는지를 비교하면서 관찰하는 것도 좋은 방법이지.

　특이한 점이나 그때그때 느낀 점을 기록하고 그걸 통해 알게 된 점 등을 기록해두면 학습에도 도움이 될 거야.

　학교에서 친구들과 함께 식물이나 동물을 키우며 모둠 관찰일기를 써도 재미있는 일기가 되겠지?

나는 다시 내 방에 와서 책상 앞에 앉았다.

'나도 내가 사랑하는 사람을 관찰하고 그걸 일기에 쓰면 재미있게 쓸 수 있을 거야. 좋아! 엄마 관찰일기를 써보자!'

나는 방문을 살짝 열고 엄마를 지켜보았다. 엄마는 청소기로 거실을 청소하고 계셨다. 시계를 보니 시계 바늘이 3시 10분을 가리키고 있었다.

나는 빈 메모지에 '관찰 시작 시간 3시 10분'이라고 적은 뒤 '청소'라고 적어 두었다. 엄마는 청소를 마친 뒤 저녁 찬거리를 사러 마트에 가셨다. 마트에서 다녀오신 뒤에는 세탁이 끝난 옷을 세탁기에서 꺼내서 널었다. 그리곤 밥을 짓고 마트에서 사오신 재료들을 꺼내 반찬을 만드셨다. 나는 엄마가 언제 어떤 일을 하시는지, 하나하나 관찰하고 메모지에 적었다.

그리고 메모지를 보면서 일기장에 '엄마 관찰일기'를 적었다.

나는 내 일기를 읽고 또 읽어봤다. 아주 커다란 글씨로 대충 다섯 줄 정도 채우고 말던 내 일기 내용이 이렇게나 길어지다니 정말 놀라웠다. 그리고 진심으로 엄마의 사랑을 가득 느낄 수 있어서 일기를 쓰는 동안 엄마에게 미안한 마음이 많이 들었다. 다음에는 아빠의 하루를 쫓아다니며 '아빠 관찰 일기'도 쓸 수 있으면 좋겠다고 생각했다.

2012년   4월   25일

제목 : 엄마는 바쁘다.

　내가 가장 사랑하는 엄마의 하루를 관찰해봤다. 아침에는 학교에 갔다 오느라 바빠서 낮부터 관찰을 시작했다.

　관찰시간은 3시 10분. 엄마는 청소기로 방과 거실을 청소했다. 나는 청소기 한 번 돌리라면 툴툴 거리면서 대충 하고 마는데 엄마는 신이 나시는지 계속 노래를 부르셨다. 가끔 엉덩이를 흔들흔들 춤도 추셨는데 그 모습이 웃겼다. 생각해보니 엄마의 노래를 많이 안 들어봤던 거 같다. 엄마가 어릴 때 가수가 꿈이었다고 했었는데 오늘 노래를 들어보니 안하길 잘한거 같다. 엄청난 음치다. 그래도 노래를 부르는 엄마의 얼굴은 행복해보였다.

　3시 30분. 청소가 끝나자 엄마는 서둘러 나가셨다. 마트에 다녀오시겠다고 했다.

　엄마가 돌아오신 시간은 4시 50분. 엄마의 두 손 가득 들고 힘겹게 들어오셨다. 짐을 내려놓자 마자 팔이 아프신지

팔을 이리저리 돌리며 엄마는 베란다로 가셨다. 엄마는 베란다 세탁기에서 빨래가 다 된 옷들을 꺼내서 널기 시작했다.
　그리고 엄마가 저녁 식사 준비를 시작한 시간은 5시 10분. 생각해보니 내가 관찰을 시작한 3시 정도부터 엄마는 잠깐도 앉아 계시질 않고 바쁘게 움직이셨다.

　오늘 엄마를 관찰하면서 나는 엄마가 얼마나 힘들게 일하시는지 알 수 있었다. 그리고 엄마가 바쁘게 움직이시는 게 다 우리 가족을 위해서라는 것도 알았다. 앞으로는 청소와 빨래 널기 정도는 엄마를 도와서 해드려야겠다. 아, 마트에 가실 때도 꼭 쫓아가서 무거운 짐도 들어 드려야지. 엄마 정말 감사해요. 그리고 사랑해요.

햇살이 눈부신 오후, 나는 가온이, 태령이와 함께 우리 반 텃밭으로 나갔다. 일주일에 한 번씩 텃밭 당번을 하는데 이번 주 당번은 우리다. 당번은 토마토나무에 물을 주고 흙을 고르는 일을 한다.

"어제도 다섯 줄 썼냐?"

태령이가 나를 놀리듯 물었다.

"아냐. 엄청 길게 썼어. 엄마 관찰일기."
"엄마 관찰일기를 썼다고?"

태령이가 놀란듯 안경을 위로 올리며 말했다. 가온이도 눈이 휘둥그레져서 날 바라봤다. 일기 잘 쓴다고 칭찬받는 가온이와 태령이도 이런 방법이 있는 건 몰랐나보다. 어깨가 으쓱해졌다.

"그래, 그런 방법이 있었구나. 관찰한 대상에 대해 더 자세히 알고 이해할 수 있게 되잖아."

가온이가 고개를 끄덕이며 말했다.

"그러고보니 일기도 다양한 방법으로 쓸 수 있을 것 같아."

태령이가 일기 쓰는 방법을 생각하려는지 물통을 내려놓고 팔짱을 꼈다. 나도 흙을 고르던 일을 멈추고 생각해봤다. 가온이도 마찬가지였다.

"아! 나는 독서일기를 써본 적 있어!"

가장 먼저 입을 연 친구는 가온이었다. 가온이는 좋아하는 책을 읽고 독서감상문처럼 일기를 쓴 적이 있다고 한다. 줄거리를 쓰고 가장 기억에 남는 장면과 이유, 느낌을 쓴 적도 있고, '내가 주인공이였다면 어떻게 했을까?' 라는 식으로 글을 써보기도 했다고 한다.

"인터뷰 일기도 재미있어!"
"인터뷰 일기?"

태령이의 말에 나와 가온이는 태령이를 빤히 바라보았다.

"TV 프로그램 보면 연예인들에게 궁금한 걸 물어보고 답을 듣고 하잖아. 그런 것처럼 가족, 친구, 선생님께 평소 궁금했던 걸 물어보고 답을 듣는 거지."

태령이의 설명에 나는 선생님께 인터뷰를 하고 있는 내 모습을 떠올라 미소가 지어졌다. 선생님과 인터뷰를 한다면 '우리 반에서 누가 제일 예쁜가요?', '선생님이 안 되셨더라면 어떤 직업을 가지셨을까요?', '제가 제일 예쁠 때와 미울 때는 언제인가요?' 같은 걸 물어보고 싶다. 관찰일기처럼, 상대방에 대해 잘 알고 이해할 수 있는 시간이 될 것 같다.

"또 어떤 방법이 있을까?"

'이번엔 희준이 네가 말해봐' 라고 말하는 것처럼 가온이가 나를 빤히 바라보았다. 나는 얼른 마음 속에 생각하던 말을 꺼냈다.

"만화로 일기 쓰기!"

내 말에 가온이와 태령이는 고개를 갸우뚱했다.

"내가 좋아하는 만화로 일기를 꾸민다면 훨씬 더 재미있지 않을까? 오늘 있었던 일도 글로 쓸 때는 어떻게 써야 할까 막막할 때가 있지만, 만화로 그리면 어렵지 않을 것 같아."

가온이와 태령이도 내 말이 맞다며 고개를 끄덕였다.

## 다양한 일기 쓰기 방법을 알아볼까?

**1  신문일기 쓰기**

관심이 가는 신문 기사를 정해서 자세히 읽고 그 기사에 대한 생각과 의견을 적는 것이 바로 신문 일기야. 내용을 간추려서 적어주고 모르는 낱말이 있다면 그 낱말을 표시해두었다가 국어사전을 찾아보면 어휘력도 쑥쑥 자랄 거야.

**2  편지일기 쓰기**

일기도 편지 형식을 이용해 쓰면 하고 싶은 말을 편하게 쓸 수 있을 거야. 편지를 쓰고 싶은 대상을 먼저 정해봐. 가족, 선생님, 친구 혹은 반려동물이나 동화 속 주인공, 내가 닮고 싶은 위인, 좋아하는 연예인 등에게도 편지를 쓸 수 있어.

**3  동시일기 쓰기**

경험한 일이나 생각하고 느낀 일을 동시로 쓰는 일기가 바로 동시일기야. 다른 일기보다 짧지만 느낌을 더 재치 있고 자연스럽게 표현할 수 있는 장점이 있어. 노래를 부르듯 리듬감 있게 쓰고 흉내내는 말과 꾸며주는 말을 이용하면 더 재미있는 동시일기를 쓸 수 있어.

## 4  체험일기 쓰기

　체험학습을 다녀온 뒤 그곳에서 보고 듣고 느낀 것을 적으면 체험일기가 돼. 박물관이나 미술관, 문화 유적지 등을 방문했을 때 작은 수첩 하나에 미리 기록해두면 나중에 일기를 쓸 때 어렵지 않을 거야. 사진을 찍었다면 일기에 사진을 붙이면 더 훌륭한 체험일기가 되겠지. 그 외 입장권, 팜플렛 등도 좋은 자료가 될 거야.

## 5  요리일기

　내가 좋아하는 음식에 대해 자세히 써보거나, 엄마, 아빠와 함께 맛있는 요리를 만들며 준비과정부터 요리 과정, 요리를 하며 느낀점, 재미있었던 점, 맛에 대한 평가 등을 쓰는 일기야.

## 6  역할 바꾸기 일기

　내가 선생님이라면? 혹은 내가 엄마, 아빠라면? 내가 여자, 남자라면? 역할이 바뀌면 대체 어떤 일이 생길까? 또 어떤 걸 해볼까? 등을 고민해보고 바뀐 입장에서 일기를 써봐. 다른 사람들의 마음을 이해할 수 있는 계기가 될 거야.

## 7 미래일기

20년 후에 내 모습은 어떨까? 어떤 일을 하고 있을까? 결혼은 했을까? 등을 상상해보고 그 내용을 일기로 써봐. 20년 후의 나의 입장에서 경험한 일들을 상상해서 써보면 마치 타임머신이라도 탄 듯, 재미있는 경험이 될 거야.

## 8 소개일기

내가 재미있게 읽은 책, 좋아하는 음식, 우리 가족, 우리 집 반려 동물, 가장 친한 친구, 나의 취미, 장래희망 등을 다른 사람에게 소개하는 일기를 써보는 거야.

## 9 우리 동네 일기

우리 동네에는 뭐가 있을까? 자세하게 관찰하고 그 내용을 일기로 적어봐. 문구점, 분식집, 세탁소, 놀이터, 서점, 시장 등의 풍경을 살펴보고 관찰한 내용과 느낌, 생각 등을 적으면 돼. 늘 다니는 동네의 풍경이지만 자세히 살펴보고 일기를 쓰고 나면 더 친근하게 느껴질 거야.

"우리 반 친구들에게 말해서 반 친구들과 함께 토마토 나무 관찰일기 쓸까? 엄마들이 우리가 자라는 모습을 육아일기로 쓰듯이, 우리도 토마토 나무가 자라는 과정을 하나하나 일기에 담아 보는 거지. 사진도 찍어서 붙이고 말이야."

내가 신이 나서 말하자, 태령이와 가온이가 이번에도 고개를 갸우뚱한다. '내 생각이 별론가?' 싶어 살짝 기운이 빠졌다.

"좋아!"

가온이가 먼저 큰소리로 대답했다. 태령이 역시 자신도 해 보고 싶었다며, 손가락으로 동그라미를 만들어 보였다.

"신기해. 일기 쓰기 싫어하던 우리가 이런 이야기를 하다니."

태령이의 말에 우리는 웃음이 터졌다.

"그러니까. 일기장 검사 때마다 혼나던 희준이까지, 이렇게 변할 줄 누가 알았겠어."
"이젠 절대 혼나는 일 없을 걸."

가온이의 말에 나는 콧방귀를 끼며 자신 있게 말했다. 우리는 토마토 나무를 가만히 바라보았다. 아직 열매도 맺지 않은 애기 나무지만, 곧 무럭무럭 자라서 꽃도 피우고, 새빨간 토마토가 열릴 것이다.

그때쯤이면 우리도 지금보다 훨씬 더 자라 있겠지?

2012년 7월 26일

제목: 더위를 피하는 방법 5가지

더위가 없고 봄아니면 가을이 찾아 왔으면 좋겠다. 더위를 피하려면 5개의 방법이 있다.
1. 미니 선풍기나 부채를 들고 다니면서 부채 질을 한다.
2. 시원한 물에 샤워를 한다.
3. 에어컨과 선풍기를 틀어 땀을 없에 준다.
4. 에어컨을 틀어서 누워서 휴식을 취한다.
5. 시원한 몸으로 기분 좋게 잔다.
이렇게 하면 더위를 피할 수 있다.

얼마나 더웠으면, 이런 생각을 했을까? 피식 웃음이 나는 귀여운 일기네. 이대로 하면 무더위도 시원하게 보낼 수 있을 것 같아. 친구나 가족에게 '더위를 피하는 특별한 방법'을 물어보고 나서 그 방법을 써보는 것도 재미있을 거야.

신강초등학교 2학년
고가령

2012년 5월 13일

제목: 서대문 자연사 박물관

아빠, 언니랑 버스를 타고 서대문 자연사 박물관에 갔다. 박물관 들어가는 길이 오르막이어서 힘들었다. 그렇지만 우리는 서로 밀어주면서 재미있게 올라갔다. 박물관에는 지구가 탄생한 이야기와 공룡 화석이 있었다. 티라노사우르스 옆에서 사진을 찍을려고 했는데 너무 무서워서 언니만 찍었다. 공룡이 갑자기 움직이면서 우리를 잡아 먹을까봐 겁났다. 정말 즐거웠다.

> 서대문 자연사 박물관에 가는 동안 힘들었던 점, 본 것, 느낀 것 등을 재미있게 잘 표현했어. 가서 보고 배운 점, 궁금한 점, 더 알고 싶은 점에 대해서도 쓰고, 자료를 찾아본다면 더 훌륭한 체험학습 일기가 될 거야.

신강초등학교 2학년
고가령

2012 년 3 월 22 일 ☀ ☁ ☁ ☂ ☃

따뜻한 코코아 한 잔을 마시고 싶은 날

일기를 왜 쓸까?
많은 사람들은 일기를 쓴다. 일기를 쓰면 자신의 하루일을 되돌아 볼수있고, 잘못한 일이 있으면 반성할 수 있고 즐거운 일이 있으면 일기를 쓰면서 다시 즐거워지기도 한다. 나는 가끔 관찰일기를 적을때가 있는데 어떤 것에 대해서 자세히 알아 볼수있고 모르던 것을 알수있어서 좋은것 같다. 가끔 일기쓰기가 귀찮을 때도 있지만 내가 그전에 썼던 일기를 읽어 보면 아주 재미있고 그때 기억이 나서 일기 쓰기는 좋은것 같다. 앞으로 여러가지의 재미있는 일기를 많이 써야겠다.

'일기를 왜 쓸까?'에 대한 생각을 하며 불평불만만 늘어놓지 않고, 일기를 써야 하는 이유에 대해 진지하게 고민하고, 스스로 찾아낸 점을 칭찬해 주고 싶어. 자신의 생각을 글감으로 삼아 일기를 썼다는 점이 정말 멋지다고 생각해.

강서초등학교 2학년
김재모

2012 년 5 월 29 일

하늘이 곳울것같은 날

친구데이

뉴스나 신문을 보면 학교폭력 때문에 힘들어하는 친구들이 많다고 한다. 다행이 우리 반에는 폭력을 하는 친구들이 없는것 같다. 오늘 소년조선일보에서 '7월 9일은 친구데이 어때요?' 라는 기사를 읽었다. 7월 9일을 친구데이로 지정해 학교폭력을 해결하자는 기사였다. 난 친구데이가 생겨 친구들과 싸우지 말고 재미있게 놀고 싶다. 그날 하루라도 친구의 소중함을 생각하고 서로를 아껴준다면 친구를 괴롭히고 힘들게 하는 일이 점점 없어질것같다. 그날은 서로 작은 선물이나 편지를 나누며 즐거운 파티를 하면 좋을것 같다.

### 7월 9일은 '친구데이' 어때요?

광주교육대학교 박남기 총장이 최근 트위터와 페이스북에 학교폭력 해결을 위해 7월 9일을 '친구데이'로 지정하자는 제안을 하면서 눈길을 끌고 있습니다.

7월 9일은 이미 가출 청소년을 보살피는 날로 지정돼 있지만, 홍보가 부족해 잘 알려지지 않은 데다 범위도 가출 청소년에 한정돼 있습니다. 박 총장은 차라리 이 날의 의미를 확장해 친구를 서로 챙겨주는 날로 정하자는 주장을 했어요.

박 총장에 따르면 남미 아르헨티나 방문 중 '친구의 날'이 있었는데, 그날 친구들이 서로 안부를 묻고 식사를 하는 모습을 본 것이 계기가 됐다고 밝혔습니다. 그는 "우리 모두에게 친구는 아주 소중한 존재인데도 요즘 학교폭력 문제만 부각되면서 친구가 가해자·피해자로 바뀌고 있다. 우정, 친구라는 단어가 우리들의 마음에서조차 잊혀져 가는 것 같아 안타깝다"고 말했습니다. 이어 "학교폭력을 근원적으로 없애기는 쉽지 않지만, '친구데이'를 통해 학생들 마음속에 친구와 우정을 되살아나게 하자"고 덧붙였습니다.

박 총장의 제안은 소셜네트워크서비스를 통해 퍼져나가 호응을 얻고 있습니다.

김세연 기자

이해하기 쉬운 기사를 잘 찾았네. 요즘 학생들과 관련이 많고 생각해 볼만한 내용의 기사라, 아마 쓸 거리들이 많았을 거야. 기사의 내용을 간략하게 적고, 친구데이에 대한 생각도 잘 썼어.

강서초등학교 2학년
김재모

2012년 9월 10일 ☀️ ⛅ ☁️ ☂️ ⛄

씨늘한 악마 날씨

머리카락의 여행

김재모

미용사 아저씨가 싹둑싹둑
머리카락 깎는다.

머리카락이 웃타고
주르르륵 주르르륵

> 머리카락을 자르는 경험을 동시로 실감나게 표현했어. 머리카락을 빗자루로 쓰는 모습과 떨어진 머리카락을 빗자루 아저씨가 안아주었다고 표현한 부분이 너무 재미있어. 갑자기 머리카락이 없어진 뒤 어떤 느낌이었을까? 재모의 느낌과 생각이 더해졌다면 더 좋았겠다.

땅에 떨어지니
휘잉휘잉 그러자
빗자루 아저씨가 안아주네

갑자기 머리카락이 없어졌네

강서초등학교 2학년
김재모

2012 년 9월 11일

기우뚱해가 바람과 친해진 날

편지

수술하시는 할아버지께
할아버지 어깨는 괜찮으세요.
바로 내일이 긴장되는 수술날이에요.
할아버지 긴장하지 마세요. 할아버지는 용감하시잖아요. 전 할아버지를 믿어요. 저도 집에서 수술하시는 할아버지를 생각하며 위로 해드릴게요. 할아버지 수술 잘하시고 나면 제가 어깨 주물러드릴게요. 할아버지 긴장하지 마세요. 내가 있으니까요. 할아버지 사랑해요

수술을 앞둔 할아버지를 걱정하는 마음이 잘 드러난 편지 일기구나. 할아버지께서 재모의 편지를 보면 불끈 용기가 나실 것 같은데 다른 친구들도 평소 하지 못한 말이 있다면, 편지 형식으로 일기에 적어보는 건 어떨까? 재미있는 날씨 표현 최고!^^

강서초등학교 2학년
김재모

2012년 5월 31일

해는 쨍쨍쬐있는데 땀이 뻘뻘

엄마는 내마음 몰라

'엄마는 내마음 몰라' 책을 읽었다. 주인공 이름은 반대로고 모든것을 반대로 한다. 난 반대로가 밥을 먹지 않고 매일 과자만 먹는게 제일 걱정된다. 왜냐하면 그러면 건강에 해로울 것 같기 때문이다. 하지만 반대로가 팥쥐들에게 충고를 받을때는 버릇이 고쳐진것 같다. 나도 반대로 처럼 엄마가 내 마음을 모르는 것 처럼 느껴질때가 있다. 그때는 엄마가 컴퓨터 게임을 못하게 할 때이다. 왜냐하면 난 숙제를 다하였는데 계속 컴퓨터게임을 안 시켜 주고 숙제를 시키기 때문이다. 다음부터 엄마가 내 마음을 알아주었으면 좋겠다.

책 속 주인공의 잘못된 점을 걱정하고, 주인공처럼 엄마가 마음을 몰라준다고 생각해서 서운했던 때를 써서 멋진 독서일기를 완성했네. 이렇게 자신의 비슷한 경험을 찾고, 주인공과 닮은 점과 다른 점 등을 찾아보거나 자신이 겪은 것처럼 쓰는 독서일기도 좋아!

강서초등학교 2학년
김재모

2012년 7월 5일

갑자기 먹구름이 끼면서 비가 주룩주룩

내 친구를 소개합니다.

나와 가장 친한 친구는 박세준이다. 세준이와 난 1학년 때부터 알게 되었다. 세준이와 난 지금은 다른 반이지만 아직도 함께하는 시간이 많다. 세준이와 나는 단짝이여서 그런지 점수도 재미있게 나왔다. 세준이는 국어 86점 수학 100점이고 난 수학 86점에 국어 100점이였다. 세준이와 난 가끔씩 다투긴 하지만 우리는 단짝이다. 앞으로도 세준이와 싸우지 말고 서로 조금 잘못했을 때는 용서해주고 매일 기쁜 얼굴로 더 좋은 단짝이 되고 싶다.

재모가 단짝 친구 세준이를 얼마나 좋아하는지 느껴지네. 하지만 친구를 소개하는 내용이라면, 세준이가 어떤 친구인지 더 자세한 설명이 필요할 것 같아. 외모의 특징, 친구가 좋아하는 것, 꿈, 장점, 습관, 나에게 어떤 친구인지 등의 내용이 더 소개된다면 좋겠지?

강서초등학교 2학년
김재모

# 스스로 평가

다 쓴 일기를 보면서 스스로 확인해봐요!

날짜는 썼나요? ☐

날씨를 문장으로 구체적으로 적었나요? ☐

다양한 방법으로 일기를 쓰기 위해 고민했나요? ☐

선택한 방법에 어울리는 제목을 달았나요? ☐

선택한 방법에 맞는 일기 쓰기를 했나요? ☐

생각과 느낌이 잘 표현됐나요? ☐

일기 쓰기에 자신감이 생겼나요? ☐